Renda Perene:

Um Guia de Investimentos de Longo Prazo na Bolsa de Valores

Deivede Eder Ferreira

2023

SOBRE O AUTOR

Deivede Eder Ferreira é um nome de destaque em ascensão no universo dos investimentos. Graduado em Gestão Financeira, ele traz uma combinação potente de educação formal e experiência real. No momento, ele está ampliando ainda mais seu leque de conhecimentos ao cursar pós-graduação em Análise Financeira e Estratégia Empresarial.

Sua trajetória no mercado financeiro não é apenas pautada por estudos, mas também por uma experiência pessoal significativa como investidor na B3. Através de sua vivência, Deivede adquiriu uma compreensão profunda dos desafios e oportunidades apresentados pela Bolsa de Valores brasileira.

Nos escritos de Deivede, essa experiência se manifesta não como conselhos, mas como reflexões e insights oriundos de alguém que realmente conhece os altos e baixos do mercado financeiro brasileiro. Ele oferece uma perspectiva que vai além da teoria, proporcionando aos leitores uma visão baseada na realidade de quem vive o dia a dia do mundo dos investimentos.

ISENÇÃO DE RESPONSABILIDADE

Embora este livro tenha sido escrito com a máxima precisão e diligência, é importante destacar que todas as informações, dicas e conselhos aqui fornecidos são de caráter puramente educativo e informativo. Nada neste livro deve ser interpretado como aconselhamento financeiro específico ou como uma recomendação de compra ou venda de qualquer ativo ou segurança. As decisões de investimento são extremamente pessoais e devem ser tomadas com base na análise individual de cada investidor, levando em consideração seus objetivos financeiros, situação atual, tolerância ao risco, entre outros fatores.

Os exemplos, estudos de caso e análises apresentados neste livro são baseados em informações disponíveis até a data de publicação e não oferecem garantias quanto ao desempenho futuro de qualquer ativo ou segurança mencionados.

Deivede Eder Ferreira, o autor, não se responsabiliza

por decisões de investimento tomadas com base nas informações fornecidas neste livro. Aconselha-se sempre que, antes de tomar qualquer decisão financeira, o leitor procure aconselhamento de um profissional devidamente credenciado e confiável no campo de finanças e investimentos.

Os investimentos no mercado de ações e em outros instrumentos financeiros carregam riscos inerentes, e é possível que os investidores percam parte ou todo o seu capital investido. Assim, é fundamental que cada investidor faça sua própria análise e avaliação de riscos antes de tomar qualquer decisão de investimento.

Ao continuar a leitura deste livro, você, leitor, reconhece e concorda com os termos desta isenção de responsabilidade e assume total responsabilidade pelas suas decisões de investimento.

SUMÁRIO

INTRODUÇÃO

O universo dos investimentos é vasto, repleto de oportunidades e, ao mesmo tempo, desafios. No coração desse universo, a Bolsa de Valores é muitas vezes vista como um mar tempestuoso onde somente os mais destemidos ou experientes se atrevem a navegar. Entretanto, a verdade é que a Bolsa é acessível a todos, desde que estejamos munidos das ferramentas certas e de uma mentalidade bem definida.

A renda perene, aquela que flui continuamente com o passar do tempo, é o Santo Graal de muitos investidores. E por uma boa razão: quem não deseja construir uma fonte de renda que, uma vez estabelecida, continue a prosperar e a prover, independentemente das tempestades econômicas que possam surgir?

Em "Renda Perene: Um Guia de Investimentos de Longo Prazo na Bolsa de Valores", nosso objetivo é desvendar os segredos da Bolsa de Valores brasileira, com foco especial na geração de dividendos – uma das formas mais atrativas de renda passiva. Não é uma tarefa sobre como ficar rico rapidamente, mas sobre como construir riqueza de maneira consistente e sustentável.

Ao longo destas páginas, exploraremos não apenas o "como", mas o "porquê". Por que algumas empresas se destacam consistentemente em seus pagamentos de dividendos? Por que o investimento de longo prazo é frequentemente mais bem-sucedido do que tentativas frenéticas de "vencer o mercado"? E, talvez o mais importante, por que a análise fundamentalista é uma ferramenta tão poderosa na mão dos investidores?

Este livro é fruto de anos de estudo, prática e observação direta do mercado brasileiro. Cada capítulo é desenhado para fornecer insights práticos, baseados tanto em conhecimento teórico quanto em experiência real.

Seja você um iniciante na Bolsa ou um investidor mais experiente buscando aprimorar suas estratégias, convido-o a embarcar nesta jornada de descoberta. Uma jornada que, espero, o conduza a um futuro financeiro mais seguro, próspero e, acima de tudo, perene.

Vamos começar?

A JORNADA RUMO À RENDA PERENE

Em qualquer caminhada, o primeiro passo é reconhecer o destino desejado. Na jornada financeira, a "renda perene" é a promessa de um fluxo de renda constante, crescente e, o mais importante, sustentável. Mas, como se alcança essa estabilidade em um mundo tão volátil como o dos mercados financeiros?

A Verdadeira Natureza da Renda Perene

A ideia de renda perene transcende a simples noção de receber dinheiro regularmente. Ela reflete um sistema que, uma vez estabelecido, pode sustentar-se e até crescer com o passar do tempo, independentemente das circunstâncias externas. Assim como uma árvore frutífera bem cuidada que, após anos de nutrição, começa a dar frutos a cada estação, a renda perene se baseia em investimentos sábios e cultivados ao longo do tempo.

A Importância da Paciência e da Visão

A renda perene não é um esquema de enriquecimento rápido. Ela exige uma mentalidade de investidor de longo prazo. Isso significa ter a capacidade de olhar além das flutuações diárias do mercado e focar no valor intrínseco e no potencial de longo prazo de um investimento. A paciência, nesse contexto, não é apenas uma virtude, mas uma necessidade.

A Arte da Diversificação

Ao buscar a renda perene, é essencial não colocar todos os ovos em uma única cesta. A diversificação, que envolve a alocação de investimentos em diferentes ativos, é crucial para mitigar riscos e aproveitar oportunidades em vários setores e geografias. Em outras palavras, enquanto algumas ações podem não estar se saindo bem, outras em seu portfólio podem prosperar, equilibrando sua jornada.

Educação e Crescimento Contínuo

A paisagem financeira está em constante evolução. Novas leis, tecnologias, crises e oportunidades surgem regularmente. Assim, parte da jornada rumo à renda perene envolve um compromisso com a aprendizagem contínua. Isso não significa apenas seguir as notícias do mercado, mas também aprofundar-se em análises, entender as forças macroeconômicas em jogo e atualizar constantemente as estratégias de investimento.

Conclusão

A jornada rumo à renda perene é um caminho intrincado, cheio de desafios, mas também de recompensas significativas. Não se trata apenas de ganhos financeiros, mas também do crescimento pessoal que vem ao enfrentar e superar esses desafios. Ao se equipar com o conhecimento certo, abordar o investimento com uma mentalidade de longo prazo e cultivar a paciência, a renda perene não é apenas um sonho, mas uma realidade alcançável.

O QUE ESPERAR DESTE LIVRO

À medida que embarcamos na jornada rumo à compreensão da renda perene e seu lugar no mundo dos investimentos, é essencial estabelecer expectativas claras. Este livro não é uma fórmula mágica que promete riquezas imediatas. Em vez disso, é uma ferramenta de empoderamento, desenhada para iluminar os caminhos possíveis e ajudá-lo a tomar decisões informadas.

1. Conhecimento Sólido e Baseado em Fatos

Cada capítulo deste livro é meticulosamente pesquisado e baseado em dados e tendências do mundo real. Você não encontrará promessas vazias ou estratégias sem fundamento. Em vez disso, descobrirá insights valiosos sobre como os mercados funcionam, as forças que os movimentam e as estratégias que os investidores bem-sucedidos empregam.

2. Estudos de Caso Reais e Análises

Além da teoria e dos princípios do investimento, você será apresentado a estudos de caso de empresas e investidores reais. Essas análises práticas oferecem uma visão concreta do que funciona (e do que não funciona) no mundo real dos investimentos.

3. Ferramentas para Tomada de Decisão

Este livro irá equipá-lo com ferramentas e técnicas para avaliar oportunidades de investimento, entender riscos e maximizar retornos. Estas ferramentas são projetadas para serem usadas no mundo real, ajudando-o a tomar decisões informadas sobre onde e como investir seu dinheiro.

4. Uma Mentalidade de Investidor de Longo Prazo

Em um mundo de gratificação instantânea, este livro destaca a importância de pensar a longo prazo. Você aprenderá a importância da paciência, da pesquisa e da visão estratégica, e descobrirá por que a busca por retornos rápidos pode ser arriscada e contraproducente.

5. Preparação para o Futuro

Os mercados estão em constante evolução. Este livro não só o ajuda a entender o cenário atual, mas também a se preparar para o futuro. Isso significa antecipar mudanças, adaptar-se a novos cenários e estar sempre pronto para aproveitar as próximas oportunidades.

Conclusão

"Renda Perene: Um Guia de Investimentos de Longo Prazo na Bolsa de Valores" é mais do que apenas um livro. É um parceiro na sua jornada financeira, uma bússola para navegar pelos mares, por vezes, tempestuosos, dos investimentos. Ao virar a última página, você não só estará mais informado, mas também mais confiante e preparado para construir a riqueza e a estabilidade financeira que procura.

ENTENDENDO A BOLSA DE VALORES

A Bolsa de Valores é uma das instituições financeiras mais emblemáticas e poderosas do mundo moderno. Ela é, muitas vezes, mencionada em noticiários, discutida em rodas de conversa e citada como um termômetro da saúde econômica de uma nação. Mas, por trás dessa aura de complexidade e mistério, o que realmente é a Bolsa de Valores? Como ela funciona e qual é seu verdadeiro papel no cenário econômico? Vamos mergulhar a fundo para compreender essa entidade.

A Essência da Bolsa de Valores

No nível mais básico, a Bolsa de Valores é um mercado organizado para a compra e venda de ações e outros valores mobiliários. Pense nela como um supermercado para investidores; um lugar onde as empresas vêm para vender pedaços de si mesmas (na forma de ações) e onde os investidores vêm comprar esses pedaços, esperando que aumentem de valor ao longo do tempo.

Por que as Empresas Emitiem Ações?

A emissão de ações permite que as empresas levantem capital sem incorrer em dívidas. Quando uma empresa decide expandir, pode precisar de capital para financiar essa expansão. Uma das maneiras de conseguir esse dinheiro é vendendo uma parte da empresa ao público, o que é feito emitindo ações.

Investidores: Quem São Eles?

Existem dois tipos principais de investidores: institucionais e individuais. Investidores institucionais são grandes entidades, como fundos de pensão, fundos mútuos e bancos, que compram ações em grandes quantidades. Investidores individuais são pessoas como você e eu, que compram ações para seu portfólio pessoal, seja para renda de dividendos, crescimento de capital ou ambos.

O Papel dos Intermediários

O processo de compra e venda de ações envolve vários intermediários, como corretoras, dealers e market makers. Eles desempenham um papel crucial em facilitar as transações, garantindo liquidez ao mercado e ajudando a estabelecer preços justos para as ações.

A Volatilidade e os Fatores que Influenciam os Preços

das Ações

Os preços das ações na Bolsa de Valores flutuam constantemente devido a uma variedade de fatores, incluindo notícias corporativas, dados econômicos, eventos políticos e sentimentos do mercado. Esta natureza volátil da bolsa é o que pode tornar o investimento em ações tanto lucrativo quanto arriscado.

A Importância da Bolsa de Valores para a Economia

A bolsa é vital para a saúde econômica geral de um país. Ela proporciona às empresas acesso ao capital de que precisam para crescer e inovar. Além disso, ajuda a redistribuir a riqueza entre a população, permitindo que as pessoas invistam e aumentem seu patrimônio.

Em conclusão, a Bolsa de Valores é muito mais do que simplesmente um lugar onde as ações são compradas e vendidas. É um complexo ecossistema financeiro que desempenha um papel vital na economia moderna, influenciando desde o crescimento das empresas até a riqueza e o bem-estar dos indivíduos. E, armados com o conhecimento certo, os investidores podem navegar por esse mercado com confiança, buscando construir uma riqueza duradoura.

O QUE É A B3 E SUA IMPORTÂNCIA NO CENÁRIO ECONÔMICO BRASILEIRO

B3: Uma Fusão de Gigantes

A B3, conhecida como Brasil, Bolsa, Balcão, é a principal bolsa de valores do Brasil e uma das maiores do mundo em termos de capitalização de mercado. Formada em 2017 a partir da combinação das operações da BM&FBOVESPA e da Cetip, a B3 consolidou-se como uma entidade integrada de infraestrutura financeira, ofertando desde serviços de negociação a registro e depósito.

Um Termômetro Econômico

A B3 desempenha um papel fundamental como um barômetro da saúde econômica do Brasil. Seu desempenho diário – com altas e baixas dos índices de ações, como o Ibovespa – reflete as percepções dos investidores sobre o cenário econômico, político e social do país. Essas oscilações diárias são influenciadas por uma combinação de fatores domésticos e globais.

Acesso ao Capital

Uma das principais funções da B3 é proporcionar um ambiente para que as empresas captem recursos para financiar suas operações e projetos. Ao listar suas ações na B3, as empresas podem acessar um vasto pool de capital fornecido por investidores locais e internacionais. Esse acesso ao capital pode ser crucial para o crescimento, inovação e expansão das empresas, impactando, consequentemente, a geração de empregos e o desenvolvimento econômico.

Liquidez e Investimento

Além de fornecer capital para as empresas, a B3 também oferece liquidez aos investidores. Isso significa que os investidores podem comprar e vender ações e outros instrumentos financeiros com facilidade. A presença de uma bolsa de valores líquida e eficiente é crucial para atrair investimentos, tanto domésticos quanto estrangeiros.

Governança Corporativa

A B3 também tem um papel importante na promoção da boa governança corporativa no Brasil. Empresas listadas na bolsa estão sujeitas a um conjunto rigoroso de regras e regulamentações. Os segmentos de listagem, como o Novo Mercado, estabelecem padrões de governança ainda mais elevados, incentivando as empresas a adotarem práticas corporativas mais transparentes e responsáveis.

Inovação e Diversificação

A B3 não é apenas um local para negociação de ações. Ela oferece uma variedade de produtos e serviços financeiros, incluindo futuros, commodities, derivativos e títulos de renda fixa. Isso permite que os investidores diversifiquem seus portfólios e inovem em suas estratégias de investimento.

Em resumo, a B3 desempenha um papel central no cenário econômico brasileiro, influenciando desde a saúde das empresas até as decisões de investimento dos cidadãos. Ela é um pilar fundamental para o desenvolvimento econômico do Brasil, garantindo acesso ao capital, promovendo a transparência e aprimorando a governança corporativa.

COMO FUNCIONA A NEGOCIAÇÃO DE AÇÕES

A negociação de ações é o coração palpitante de qualquer bolsa de valores. Para muitos, pode parecer um emaranhado complexo de números e gráficos, mas, quando quebrada em seus componentes básicos, a mecânica é surpreendentemente direta. A seguir, desvendamos o processo por trás da negociação de ações na bolsa.

1. O papel dos participantes do mercado:

Emitentes: São as empresas que listam suas ações na bolsa para levantar capital.

Investidores: Indivíduos ou instituições que compram ou vendem ações. Podem ser divididos em investidores de varejo (indivíduos) e institucionais (fundos de pensão, fundos de investimento, etc.).

Corretoras: Atuam como intermediárias entre investidores e a bolsa. Facilitam a compra e venda de ações.

2. Ordem de compra ou venda:

O processo começa quando um investidor decide comprar ou vender uma ação. Para isso, ele envia uma ordem à sua corretora, especificando a ação, a quantidade e o preço que está disposto a pagar (ou receber, no caso de uma venda).

3. Correspondência de ordens:

Uma vez que a corretora recebe a ordem, ela é enviada para a bolsa. Lá, um sistema eletrônico sofisticado busca por uma ordem correspondente. Por exemplo, se um investidor deseja comprar 100 ações por R$10 cada, o sistema buscará alguém que queira vender 100 ações por esse preço.

4. Execução da ordem:

Quando ordens correspondentes são encontradas, a negociação é realizada. O comprador receberá as ações e o vendedor receberá o dinheiro. Se não houver correspondência imediata, a ordem fica pendente no sistema até que uma correspondência seja encontrada ou até que a ordem expire.

5. Liquidação:

Após a execução da negociação, inicia-se o processo

de liquidação. No Brasil, a liquidação financeira de ações ocorre em D+2, ou seja, dois dias úteis após a realização do negócio. Neste momento, a custódia das ações é transferida para o comprador e o dinheiro é transferido para o vendedor.

6. Registro e custódia:

Uma vez que a negociação é liquidada, as ações são registradas no nome do novo proprietário. No Brasil, a própria B3 é responsável pela custódia das ações, garantindo a segurança dos ativos.

7. Fluxo contínuo e leilões:

A maioria das ações é negociada em um sistema de fluxo contínuo, onde ordens de compra e venda são constantemente correspondidas ao longo do dia. No entanto, em determinadas situações, como na abertura do mercado ou quando há oscilações muito acentuadas no preço de uma ação, pode ocorrer um leilão. Durante o leilão, as ordens são coletadas e, ao final, o preço é determinado de acordo com a demanda e oferta.

Entender o processo de negociação é fundamental para qualquer investidor. Seja você um trader de curto prazo ou um investidor de longo prazo, conhecer a mecânica por trás da compra e venda de ações o ajudará a navegar com confiança no universo dos investimentos em ações.

A FILOSOFIA DO INVESTIMENTO DE LONGO PRAZO

Introdução:

A filosofia do investimento de longo prazo é mais do que uma simples estratégia; é uma perspectiva, uma mentalidade que direciona os investidores a olhar além das flutuações diárias do mercado e focar no horizonte distante. O verdadeiro valor dessa filosofia reside em sua capacidade de proporcionar clareza em meio ao ruído constante do mercado e ajudar os investidores a cultivar a paciência e a disciplina necessárias para alcançar retornos consistentes.

Uma Visão Histórica:

Desde o advento dos mercados de capitais, tem sido evidente que os mercados têm períodos de volatilidade. No entanto, os investidores que mantiveram uma perspectiva de longo prazo frequentemente viram seus ativos crescerem substancialmente. Grandes investidores, como Warren Buffett, têm consistentemente defendido a visão de longo prazo, argumentando que "o mercado de ações é um dispositivo para transferir dinheiro dos impacientes para os pacientes".

O Poder da Paciência:

O investimento de longo prazo é frequentemente comparado ao plantio de uma árvore. Inicialmente, o crescimento pode parecer lento e insignificante. No entanto, com o tempo, os retornos começam a se acumular, e o crescimento se torna exponencial. A paciência permite que o investidor aproveite ao máximo os juros compostos, muitas vezes referidos como a "oitava maravilha do mundo".

Evitando o Ruído do Mercado:

Nos mercados modernos, somos bombardeados com informações 24/7. Notícias, relatórios, previsões e análises estão sempre ao nosso alcance. Para o investidor de longo prazo, a habilidade mais valiosa é a capacidade de discernir entre informações úteis e simples ruído. Evitando reações precipitadas a notícias de curto prazo, o investidor pode evitar erros caros e manter-se fiel à sua estratégia.

Resistência às Quedas de Mercado:

Todo mercado tem seus altos e baixos. No entanto, históricamente, após cada queda, o mercado se recuperou e atingiu novos patamares. A filosofia de longo prazo prepara o investidor para enfrentar essas quedas com resiliência, vendo-as não como desastres, mas como oportunidades potenciais de compra.

Conclusão:

A filosofia do investimento de longo prazo não é apenas sobre esperar. É sobre compreender profundamente seus investimentos, manter-se fiel a seus princípios e ter a visão e a coragem para ver além das tempestades temporárias. Em um mundo que valoriza a gratificação instantânea, essa filosofia destaca a virtude da paciência e da visão, pavimentando o caminho para a verdadeira riqueza e estabilidade financeira.

POR QUE O LONGO PRAZO?

O Conceito de Tempo no Investimento:

No reino dos investimentos, o tempo é frequentemente visto como um aliado. A natureza volátil dos mercados financeiros significa que, a curto prazo, o valor dos investimentos pode oscilar consideravelmente. No entanto, quando se expande o horizonte temporal, muitas dessas flutuações se nivelam, e tendências mais claras e sustentáveis emergem.

O Poder dos Juros Compostos:

Albert Einstein uma vez proclamou que os juros compostos são a oitava maravilha do mundo. Quando você reinveste os retornos de um investimento, você começa a ganhar retorno não apenas sobre o principal original, mas também sobre os retornos que foram reinvestidos. Com o passar do tempo, este efeito acumulativo pode resultar em crescimento exponencial de um investimento. O verdadeiro milagre dos juros compostos se manifesta quando se dá tempo suficiente para o investimento crescer.

Evitar a Psicologia do Pânico:

Investidores que se concentram em horizontes de curto prazo estão frequentemente sujeitos a reações emocionais às rápidas mudanças do mercado. Uma notícia negativa pode levar a vendas precipitadas, enquanto um breve período de otimismo pode levar a decisões de compra impulsivas. Ao adotar uma perspectiva de longo prazo, os investidores podem ser mais objetivos e menos propensos a tomar decisões baseadas em emoções passageiras.

Histórico de Crescimento do Mercado:

Embora o desempenho passado não seja garantia de resultados futuros, historicamente, os mercados acionários têm tendência de alta ao longo do tempo. Isso significa que, mesmo após grandes quedas, os mercados geralmente se recuperam e alcançam novos patamares. Adotar uma estratégia de investimento de longo prazo permite que os investidores aproveitem essa tendência ascendente geral.

Diversificação e Mitigação de Riscos:

Investir com uma mentalidade de longo prazo frequentemente anda de mãos dadas com a diversificação. Ao construir um portfólio diversificado e mantê-lo por anos, os investidores podem mitigar riscos específicos de certos ativos ou setores. Eventuais baixas de desempenho em algumas áreas podem ser compensadas por ganhos em outras.

Conclusão:

O longo prazo, em essência, é uma estratégia que reconhece a natureza intrinsecamente incerta dos mercados a curto prazo e busca aproveitar os aspectos mais previsíveis e sustentáveis do crescimento do mercado ao longo do tempo. É uma abordagem que preza a paciência, a disciplina e a visão, atributos que, quando cultivados, podem levar a um sucesso duradouro no mundo dos investimentos.

A MENTALIDADE DO INVESTIDOR PACIENTE

Introdução:

A paciência, muitas vezes retratada como mera virtude, é uma das ferramentas mais poderosas na caixa de ferramentas de um investidor. No entanto, desenvolver e manter essa mentalidade requer um entendimento profundo do que significa realmente ser um investidor paciente e por que essa abordagem vale a pena.

Compreendendo a Paciência no Contexto dos Investimentos:

A paciência, no reino do investimento, vai além de simplesmente esperar. Trata-se de ter a convicção de permanecer firme em uma estratégia, mesmo quando o mercado se move de maneiras que contradizem temporariamente essa estratégia. Significa resistir à tentação de seguir a multidão em frenesis de compra ou pânicos de venda, e em vez disso, focar em fundamentos sólidos e crescimento a longo prazo.

A Vantagem de Uma Visão de Longo Alcance:

Um investidor paciente entende que o mercado tem seus altos e baixos, mas a verdadeira valorização do ativo é frequentemente realizada ao longo de anos ou décadas, e não dias ou meses. Com essa visão de longo alcance, o investidor paciente é menos suscetível a fazer movimentos impulsivos baseados em notícias de curto prazo ou tendências temporárias.

O Poder da Deliberação:

A paciência também se manifesta na fase de decisão de investimento. Enquanto alguns podem ser atraídos por ações "quentes" do momento, o investidor paciente frequentemente realiza uma análise meticulosa, considerando fatores como a saúde financeira da empresa, a força da sua liderança, e o potencial de crescimento a longo prazo.

Desenvolvendo Resiliência Emocional:

A volatilidade do mercado pode ser emocionalmente desgastante. No entanto, a mentalidade paciente permite uma resiliência emocional, sabendo que decisões de investimento bem informadas, baseadas em pesquisa e análise, prevalecerão no longo prazo.

Conclusão:

A mentalidade do investidor paciente não é inata; é cultivada através da experiência, educação e uma compreensão profunda dos princípios do investimento. E, talvez o mais importante, é fortalecida por uma crença no poder do tempo e na consistência como os maiores aliados de um investidor. Em um mundo onde tudo parece estar se acelerando, a paciência continua sendo uma das qualidades mais valiosas para aqueles que buscam construir riqueza genuína e duradoura.

O PODER DOS DIVIDENDOS

Introdução:

Quando falamos sobre investimentos em ações, frequentemente pensamos em comprar baixo e vender alto. No entanto, essa abordagem apenas arranha a superfície do que é possível. O verdadeiro poder, especialmente quando falamos em criar riqueza ao longo do tempo, muitas vezes reside em uma palavra: dividendos. O que faz deles tão poderosos?

Natureza dos Dividendos:

Dividendos são, em sua essência, uma declaração de confiança de uma empresa para com seus acionistas. Eles dizem: "Nós não apenas geramos lucro, mas estamos confiantes o suficiente em nosso futuro para compartilhar esse lucro com você agora". Quando uma empresa decide reter todos os seus lucros, pode ser porque vê muitas oportunidades para reinvestir esse dinheiro e crescer. Mas quando decide pagar dividendos, é um sinal de maturidade, estabilidade e confiança em sua capacidade de continuar gerando lucros no futuro.

Dividendos como Espelho de Estabilidade:

Empresas que têm um histórico de pagamento de dividendos consistentes são, muitas vezes, aquelas que são bem estabelecidas, com modelos de negócios comprovados e fluxos de receita estáveis. Essas empresas podem não oferecer o potencial de crescimento explosivo de startups ou empresas em setores emergentes, mas elas oferecem estabilidade e previsibilidade, o que é essencial para muitos investidores, especialmente aqueles em fases posteriores de suas vidas ou aqueles que dependem de seus investimentos para a renda.

Compounding – A Oitava Maravilha do Mundo:

Uma das facetas mais poderosas dos dividendos é a capacidade de reinvesti-los. Ao fazer isso, você compra mais ações da empresa, que por sua vez gerará mais dividendos no futuro. Este ciclo, chamado de "juros compostos", é tão poderoso que Albert Einstein uma vez o chamou de "a oitava maravilha do mundo". Ao reinvestir dividendos ao longo de décadas, um investidor pode transformar um pequeno investimento inicial em uma fortuna.

Proteção Contra a Inflação:

Uma das realidades do mundo financeiro é a inflação. O dinheiro tende a perder valor ao longo do tempo. No entanto, os dividendos, especialmente de empresas que aumentam regularmente seus pagamentos de dividendos, podem oferecer uma proteção parcial contra a corrosão da inflação. Se uma empresa aumenta seus dividendos a uma taxa que supera a inflação, o poder de compra dos dividendos que você recebe aumentará ao longo do tempo.

Conclusão:

O poder dos dividendos reside em sua capacidade de fornecer renda, estabilidade e crescimento. Eles permitem que os investidores participem diretamente do sucesso de uma empresa e oferecem uma maneira de aumentar a riqueza ao longo do tempo, especialmente quando combinados com o poder dos juros compostos. Para aqueles que têm a paciência e a visão de longo prazo para permitir que seus dividendos trabalhem para eles, o céu é o limite.

O QUE SÃO DIVIDENDOS E COMO ELES SÃO PAGOS

Definindo Dividendos:

Dividendos são uma porção dos lucros de uma empresa que é distribuída aos seus acionistas. Pode ser visto como uma recompensa que a empresa oferece aos seus investidores por confiarem nela e por fornecerem capital para operações e crescimento. Basicamente, quando você possui ações de uma empresa que paga dividendos, você recebe uma parte do lucro dessa empresa.

Como os Dividendos são Determinados:

A decisão de pagar dividendos, bem como o valor a ser pago, é geralmente tomada pelo conselho de administração da empresa e depois aprovada pelos acionistas em uma assembleia geral. A empresa pode decidir distribuir todo o seu lucro na forma de dividendos ou reter parte dele para reinvestir no negócio.

O montante do dividendo pode ser fixo ou variável, dependendo da política da empresa. Algumas empresas preferem pagar um dividendo fixo por ação, enquanto outras estabelecem um pagamento como uma porcentagem de seus lucros.

Frequência dos Pagamentos:

A frequência com que os dividendos são pagos varia de uma empresa para outra. No Brasil, muitas empresas pagam dividendos semestralmente ou anualmente. No entanto, também existem empresas que optam por pagamentos trimestrais ou mensais.

Forma de Pagamento:

Dividendos podem ser pagos de várias maneiras:

Dinheiro: Esta é a forma mais comum. O dinheiro é transferido para os acionistas na proporção das ações que possuem.

Ações: Algumas empresas oferecem a opção de receber dividendos na forma de ações adicionais, o que é chamado de "dividendo em ações".

Propriedade: Em raras ocasiões, e geralmente em empresas menores, os dividendos podem ser pagos na forma de produtos ou serviços.

Impostos sobre Dividendos:

No Brasil, os dividendos recebidos por acionistas pessoas físicas de lucros e dividendos apurados a partir do início de 1996 são isentos de imposto de renda na fonte e na declaração de ajuste do beneficiário. No entanto, é sempre importante verificar a legislação atualizada, pois as regras tributárias podem sofrer alterações.

Conclusão:

Os dividendos são uma maneira pela qual as empresas compartilham seus lucros com seus acionistas. Para muitos investidores, especialmente aqueles que buscam renda passiva ou uma maneira de complementar sua renda, os dividendos são uma característica atraente ao considerar em quais ações investir. Entender como eles funcionam e são pagos é essencial para tomar decisões informadas de investimento.

A RELEVÂNCIA DOS DIVIDENDOS NA ESTRATÉGIA DE INVESTIMENTO

Introdução ao Valor dos Dividendos:

No universo dos investimentos, dividendos ocupam um lugar especial. Para muitos investidores, receber dividendos é uma das partes mais recompensadoras de possuir ações de uma empresa. Mas, por que os dividendos são tão importantes? E qual é a relevância deles na criação de uma estratégia de investimento bem-sucedida?

Fonte de Renda Passiva:

Uma das principais atrações dos dividendos é que eles oferecem uma fonte de renda passiva. Para os investidores que buscam gerar um fluxo de renda sem ter que vender suas ações, os dividendos representam uma maneira de receber um retorno regular sobre seu investimento. Essa característica os torna especialmente atraentes para investidores de longo prazo e aqueles que buscam renda durante a aposentadoria.

Indicativo de Saúde Financeira:

Empresas que pagam dividendos consistentes e crescentes geralmente são vistas como financeiramente estáveis e bem geridas. A capacidade de distribuir regularmente uma parte dos lucros aos acionistas é muitas vezes interpretada como um sinal de força financeira e confiança na saúde futura dos negócios.

Efeito Composto com Reinvestimento:

Os dividendos também fornecem aos investidores a oportunidade de aproveitar o poder do reinvestimento. Ao reinvestir dividendos para comprar mais ações da empresa, os investidores podem se beneficiar dos efeitos compostos, acelerando o crescimento de seu patrimônio e potencializando os retornos futuros.

Estabilidade Durante a Volatilidade do Mercado:

Empresas que têm um histórico de pagamentos de dividendos consistentes tendem a ser menos voláteis em comparação com empresas que não pagam dividendos. A promessa de um dividendo pode atuar como um amortecedor durante períodos de turbulência no mercado, atraindo investidores que buscam estabilidade.

Conclusão:

Dividendos desempenham um papel crítico em muitas estratégias de investimento. Eles não apenas fornecem uma fonte de renda regular, mas também podem ser reinvestidos para aproveitar o poder dos juros compostos. Ao mesmo tempo, os dividendos podem servir como um indicativo da saúde financeira de uma empresa, tornando-se um fator crucial na decisão de investimento. Ao entender a relevância dos dividendos, os investidores estão melhor equipados para criar uma estratégia de investimento robusta e orientada para o crescimento de longo prazo.

ANÁLISE FUNDAMENTALISTA: A CHAVE PARA ESCOLHER AÇÕES

No universo dos investimentos, a habilidade de avaliar e escolher ações que têm potencial de valorização ou que oferecem bons dividendos é crucial. A Análise Fundamentalista surge como uma ferramenta poderosa para esse propósito, ajudando os investidores a decifrar os números e entender a verdadeira saúde e o potencial de uma empresa.

Definição:

A Análise Fundamentalista é uma técnica usada para avaliar a atratividade de uma ação ou de um título, baseando-se em fatores fundamentais, ou seja, nos dados financeiros e operacionais de uma empresa, bem como em considerações sobre o ambiente econômico em que ela está inserida. A ideia é determinar o valor intrínseco de um ativo e compará-lo ao seu preço de mercado.

Pilares da Análise Fundamentalista:

Estudo dos Demonstrações Financeiras: A análise começa com um olhar atento sobre os balanços, demonstrações de resultado, fluxos de caixa, entre outros relatórios. Eles revelam como a empresa tem se saído em termos financeiros, quais são seus ativos e passivos, quão lucrativa ela é, e como ela financia suas operações.

Avaliação dos Indicadores Financeiros: Diversos índices, como P/L, ROE, Margens de Lucro, entre outros, são calculados a partir dos dados das demonstrações financeiras. Eles ajudam a contextualizar os números, fornecendo um ponto de comparação para outras empresas do mesmo setor ou para a média de mercado.

Análise Setorial e Macroeconômica: Além de olhar para a empresa em si, é essencial entender o setor em que ela opera e o contexto macroeconômico. Algumas questões fundamentais a serem feitas são: Como o setor tem se saído? Quais são as projeções para o futuro? Como fatores econômicos maiores, como taxas de juros ou crescimento do PIB, podem impactar o setor e a empresa?

Avaliação Qualitativa: Aqui, entram fatores menos

tangíveis, mas igualmente cruciais. A qualidade da gestão, a governança corporativa, a estratégia da empresa, sua posição competitiva no mercado e sua capacidade de inovação são aspectos que podem ter um grande impacto no sucesso (ou fracasso) de um investimento.

Conclusão:

A Análise Fundamentalista, portanto, não se trata apenas de olhar para números. É uma abordagem holística que busca entender a empresa em sua totalidade, desde sua saúde financeira até sua posição no mercado e sua capacidade de se adaptar e crescer em meio às mudanças. Ao dominar essa técnica, os investidores estão melhor equipados para tomar decisões informadas e, em última análise, alcançar seus objetivos financeiros.

ENTENDENDO OS FUNDAMENTOS DE UMA EMPRESA

No contexto de investimentos, quando falamos em "fundamentos", estamos nos referindo aos alicerces financeiros e operacionais que sustentam e direcionam a trajetória de uma empresa. Esses fundamentos oferecem uma visão clara da saúde, estabilidade e potencial de crescimento de uma organização. Ao compreendê-los, o investidor pode tomar decisões mais informadas e precisas.

1. Balanço Patrimonial:

O balanço patrimonial é uma fotografia da saúde financeira da empresa em um ponto específico no tempo. Ele mostra o que a empresa possui (ativos), o que ela deve (passivos) e o patrimônio líquido (a diferença entre ativos e passivos, que pertence aos acionistas).

Ativos: Estes podem ser classificados como ativos circulantes (como caixa ou estoque) e ativos não circulantes (como propriedades e equipamentos).

Passivos: Similarmente, temos passivos circulantes (dívidas de curto prazo) e não circulantes (dívidas de longo prazo).

2. Demonstração de Resultados:

Também conhecida como Demonstração do Resultado do Exercício (DRE), mostra a performance financeira da empresa durante um período específico, normalmente um ano fiscal. Ela detalha a receita, os custos, despesas operacionais e, eventualmente, o lucro ou prejuízo da empresa.

3. Fluxo de Caixa:

Uma ferramenta vital para compreender como o dinheiro se movimenta dentro da empresa. A Demonstração de Fluxos de Caixa divide-se em operacionais (relacionados à operação da empresa), de investimento (compra ou venda de ativos) e de financiamento (empréstimos e pagamento de dividendos).

4. Indicadores de Solvência e Liquidez:

Estes indicadores medem a capacidade da empresa de cumprir suas obrigações de curto e longo prazo. Eles são cruciais para avaliar o risco associado a um investimento na empresa.

5. Governança Corporativa:

Não se trata apenas de números. A forma como uma empresa é gerida, sua transparência, o tratamento equitativo dos acionistas e a qualidade de seu conselho são todos aspectos fundamentais. Empresas com boa governança tendem a ser mais estáveis e menos arriscadas.

6. Análise Setorial:

Além de compreender os fundamentos de uma empresa específica, é crucial entender a indústria ou setor em que ela opera. Isso inclui as tendências do setor, os principais players, as barreiras à entrada, as ameaças de novos concorrentes e produtos substitutos, o poder de barganha dos fornecedores e clientes, e assim por diante.

Conclusão:

Entender os fundamentos de uma empresa é como

fazer um check-up médico completo. Ele fornece uma visão clara da saúde da empresa, seus pontos fortes, suas vulnerabilidades e seu potencial de crescimento. Essa compreensão é essencial para qualquer investidor que busca tomar decisões informadas e fundamentadas.

INDICADORES ESSENCIAIS E COMO INTERPRETÁ-LOS

A análise fundamentalista se baseia em indicadores financeiros e contábeis que permitem ao investidor obter uma visão clara e objetiva da saúde financeira, performance e valor de uma empresa. Vamos explorar alguns dos indicadores mais relevantes e entender como interpretá-los:

1. Lucro por Ação (LPA):

Definição: Representa o lucro da empresa dividido pelo número total de ações emitidas.

Interpretação: Um LPA mais alto sugere que a empresa tem um desempenho melhor em termos de lucratividade. É usado frequentemente para comparar a rentabilidade entre empresas do mesmo setor.

2. Preço/Lucro (P/L):

Definição: Este indicador representa o preço atual da

ação dividido pelo LPA. É, talvez, o múltiplo mais utilizado na análise de ações.

Interpretação: Um P/L baixo pode indicar que a ação está subvalorizada, enquanto um P/L alto pode indicar o contrário. No entanto, é fundamental compará-lo com empresas do mesmo setor.

3. Valor Patrimonial por Ação (VPA):

Definição: Representa o patrimônio líquido da empresa (ativos totais - passivos totais) dividido pelo número total de ações.

Interpretação: Dá uma noção do valor contábil da empresa. Se o preço da ação estiver significativamente abaixo do VPA, pode representar uma oportunidade, mas também pode indicar problemas.

4. Dividend Yield (DY):

Definição: Representa o dividendo pago aos acionistas em relação ao preço atual da ação.

Interpretação: É particularmente relevante para

investidores focados em renda. Um DY alto pode ser atraente, mas é vital entender se os dividendos são sustentáveis a longo prazo.

5. ROE (Retorno sobre o Patrimônio Líquido):

Definição: Mede a rentabilidade da empresa em relação ao patrimônio líquido. Calcula-se dividindo o lucro líquido pelo patrimônio líquido.

Interpretação: Um ROE elevado indica que a empresa gera um bom retorno sobre o capital dos acionistas. Contudo, é vital observar a dívida da empresa, pois um endividamento elevado pode inflar o ROE.

6. Dívida Líquida/EBITDA:

Definição: Este indicador mostra quantos anos a empresa levaria para pagar sua dívida líquida com o lucro operacional (EBITDA).

Interpretação: Um valor baixo indica que a empresa possui uma estrutura de capital saudável e pode gerir facilmente sua dívida.

Conclusão:

A interpretação correta dos indicadores financeiros é vital para qualquer investidor. Embora cada indicador forneça uma peça do quebra-cabeça, é a combinação deles que oferece uma imagem completa da saúde financeira e do valor de uma empresa. O investidor prudente deve sempre usar estes indicadores em conjunto com outras ferramentas e análises para tomar decisões bem fundamentadas.

ESTUDOS DE CASO: CAMPEÕES DE DIVIDENDOS NA B3

No diversificado universo da B3, algumas empresas merecem destaque pelo seu comprometimento em retribuir consistentemente aos seus acionistas. As chamadas "campeãs de dividendos" são representativas não apenas por sua solidez ou expressividade no mercado, mas principalmente por sua regularidade e generosidade na distribuição de dividendos.

1. Itaú Unibanco (ITUB4):

O maior banco privado do Brasil é também um dos mais consistentes pagadores de dividendos. Graças à sua prudência fiscal e foco em rentabilidade, tem proporcionado retornos regulares aos seus acionistas.

Trajetória: Fruto da fusão de dois bancos sólidos, o Itaú Unibanco solidificou sua presença no cenário nacional e internacional.

Fatores de Sucesso: Investimento contínuo em

inovação e uma expansão estratégica têm mantido o banco relevante e competitivo.

2. Telefônica Brasil (VIVT4):

Líder no setor de telecomunicações, a Telefônica Brasil, mais conhecida como Vivo, tem uma história de reinvenção e adaptação.

Trajetória: A Vivo expandiu-se desde os serviços de telefonia fixa até um amplo portfólio que inclui internet de alta velocidade e serviços digitais avançados.

Fatores de Sucesso: Adquirindo operadoras menores e investindo em infraestrutura, a Vivo tem assegurado sua dominância e capacidade de distribuir lucros generosos em forma de dividendos.

3. Ambev (ABEV3):

A potência das bebidas não é apenas reconhecida por sua vasta linha de produtos, mas também por sua histórica retribuição aos acionistas.

Trajetória: Possuindo marcas icônicas, a Ambev não se limitou ao mercado brasileiro, crescendo e tornando-se referência global no segmento de bebidas.

Fatores de Sucesso: Gestão enxuta, diversificação de

produtos e foco em inovação têm garantido à Ambev margens saudáveis e a capacidade de recompensar seus investidores.

4. CSN (CSN3):

A Companhia Siderúrgica Nacional, amplamente conhecida como CSN, é um pilar do setor siderúrgico brasileiro e tem mostrado um comprometimento notável em recompensar seus acionistas.

Trajetória: Surgindo como uma resposta nacional à necessidade de aço no século passado, a CSN cresceu, diversificou-se em vários segmentos e tornou-se um nome familiar no Brasil.

Fatores de Sucesso: Estratégias de expansão cuidadosas, gestão firme e uma capacidade constante de adaptar-se às demandas do mercado garantiram à CSN uma posição de destaque e a habilidade de gerar retornos significativos para seus acionistas.

Conclusão:

Estudar estas empresas, ícones em seus setores, é uma aula sobre gestão eficaz, visão de longo prazo e comprometimento com o acionista. Elas oferecem lições valiosas sobre como identificar e investir em empresas que têm o potencial de se tornarem as futuras "campeãs de dividendos".

A TRAJETÓRIA DE EMPRESAS QUE SE DESTACARAM NO PAGAMENTO DE DIVIDENDOS

Investir em ações de empresas é essencialmente comprar uma parcela de um negócio. E, como todo negócio, existem altos e baixos, estratégias bem-sucedidas e erros que precisam ser corrigidos. No entanto, algumas empresas têm demonstrado ao longo dos anos não apenas a capacidade de se adaptar e prosperar em um ambiente de negócios em constante mudança, mas também uma disposição contínua para recompensar seus acionistas através de pagamentos regulares e generosos de dividendos. Vamos explorar a trajetória de algumas dessas empresas:

CSN (CSN3)

Início humilde: Fundada em 1941, a CSN foi estabelecida como parte do projeto de industrialização do Brasil, iniciado na década de 1930. Foi uma das primeiras siderúrgicas integradas do Brasil e se tornou uma parte crucial da infraestrutura industrial do país.

Expansão e diversificação: Ao longo das décadas, a CSN não apenas expandiu sua capacidade de produção siderúrgica, mas também diversificou suas operações, entrando em áreas como mineração, cimento e logística.

Consistência nos dividendos: Mesmo em períodos de recessão econômica, a CSN se manteve firme no pagamento de dividendos, refletindo seu compromisso com os acionistas e sua confiança na resiliência de seus negócios.

Itaú Unibanco (ITUB4)

Origens: Tendo suas raízes em várias fusões e aquisições, o Itaú Unibanco emergiu como uma das principais instituições financeiras da América Latina.

Inovação constante: Em um setor tão competitivo como o bancário, a inovação é a chave. O banco investiu pesadamente em tecnologia, garantindo que pudesse atender às necessidades em constante evolução de seus clientes.

Pagador de dividendos: Um testamento de sua gestão fiscal sólida e estratégia de crescimento é sua consistência em recompensar os acionistas com pagamentos regulares de dividendos.

Ambev (ABEV3)

Sede de crescimento: O que começou como uma pequena cervejaria se transformou em uma das maiores empresas de bebidas do mundo, graças a uma série de fusões, aquisições e uma estratégia de crescimento agressivo.

Diversificação: Enquanto a cerveja pode ser o carro-chefe, a Ambev diversificou seu portfólio para incluir outras bebidas, garantindo uma ampla base de receita.

Recompensando a lealdade: A Ambev é conhecida por seu generoso pagamento de dividendos, refletindo sua saúde financeira e compromisso com os acionistas.

A trajetória dessas empresas oferece uma janela para entender o que é preciso para ser uma "campeã de dividendos". Embora cada uma tenha sua própria história e desafios, há uma linha comum de comprometimento, visão de longo prazo e uma estratégia focada que as permitiu prosperar e, mais importante, compartilhar essa prosperidade com seus acionistas.

LIÇÕES APRENDIDAS COM SEUS SUCESSOS E DESAFIOS

Ao analisar a trajetória de empresas destacadas por seus dividendos, como CSN, Itaú Unibanco e Ambev, podemos extrair valiosas lições de seus sucessos e desafios. As experiências dessas empresas, ricas em nuances e aprendizados, têm o poder de orientar e inspirar investidores e empresários. Vamos explorar algumas das principais lições:

Resiliência é fundamental:

As adversidades econômicas, políticas e setoriais inevitavelmente afetarão as empresas. A capacidade da CSN de manter pagamentos consistentes de dividendos mesmo em tempos de crise mostra a importância de ser resiliente e ter um planejamento sólido.

Diversificação protege e impulsiona:

Itaú Unibanco e CSN destacam-se pela diversificação de suas operações. No caso do Itaú, sua presença em várias geografias e linhas de serviços financeiros lhe confere estabilidade. Para a CSN, a diversificação em setores como mineração, logística e cimento permite que ela aproveite várias fontes de receita.

Inovação como propulsora de crescimento:

A Ambev, através de sua constante busca por inovação em produtos e marketing, demonstra que, mesmo em setores tradicionais, a inovação pode ser um diferencial competitivo.

Visão de longo prazo e gestão de riscos:

Investir em crescimento e diversificação enquanto se mantém firme em princípios sólidos de gestão de riscos tem sido fundamental para essas empresas. O Itaú Unibanco, por exemplo, tem uma gestão de risco exemplar que lhe permitiu enfrentar crises financeiras globais.

O compromisso com os stakeholders:

Além dos acionistas, essas empresas reconhecem a importância de todos os envolvidos em seu ecossistema. A responsabilidade social, ambiental e o compromisso com seus colaboradores são tão fundamentais quanto a busca pelo lucro.

A importância da governança corporativa:

As práticas transparentes e a responsabilidade na tomada de decisões têm um papel vital na sustentação do crescimento e na manutenção da confiança dos investidores.

Adaptabilidade e agilidade são essenciais:

Em um mundo empresarial em rápida evolução, ser capaz de se adaptar rapidamente a novas realidades, sejam elas tecnológicas, econômicas ou sociais, é crucial. A capacidade da Ambev de se adaptar às mudanças nos gostos dos consumidores ou a habilidade da CSN de entrar em novos setores são testemunhos disso.

Concluindo, as trajetórias de CSN, Itaú Unibanco e Ambev oferecem uma tapeçaria rica de sucessos, desafios e, o mais importante, lições. Essas lições, quando assimiladas e aplicadas, têm o poder de informar e melhorar nossas próprias jornadas de investimento e empreendedorismo.

CONSTRUINDO SEU PORTFÓLIO

No mundo dos investimentos, construir um portfólio é mais do que simplesmente escolher ações aleatoriamente e esperar que elas prosperem. É uma combinação meticulosa de estratégia, entendimento do mercado, análise e, acima de tudo, paciência. Cada escolha feita reflete uma decisão informada, baseada em pesquisa e intuição. A seguir, aprofundaremos a arte e a ciência por trás da construção de um portfólio robusto e resiliente.

O Fundamento da Construção de Portfólio

Construir um portfólio é semelhante a construir uma casa. Ambos requerem uma fundação sólida, planejamento adequado e os materiais certos. Da mesma forma que você não começaria a construir uma casa sem um projeto, você não deve começar a investir sem um plano.

1. Estabeleça Seus Objetivos: Você está investindo para a aposentadoria, para comprar uma casa, para a educação de seus filhos ou para alcançar a independência financeira? Identificar seu objetivo

ajudará a moldar sua abordagem e a determinar o nível de risco que você está disposto a assumir.

2. Determine Seu Horizonte de Tempo: Você está olhando para um investimento de cinco anos ou trinta anos? Seu horizonte de tempo influenciará as decisões que você toma e os riscos que você pode estar disposto a aceitar.

3. Avalie sua Tolerância ao Risco: Todos têm um nível diferente de conforto quando se trata de riscos de investimento. É crucial entender sua própria tolerância ao risco e investir de acordo.

O Processo de Seleção

Com uma fundação estabelecida, passamos para o processo de seleção de ativos.

1. Pesquisa e Análise: Antes de adicionar qualquer ativo ao seu portfólio, dedique um tempo significativo à pesquisa. Isso envolve estudar relatórios anuais, entender o modelo de negócios da empresa, avaliar sua saúde financeira e muito mais.

2. Diversificação: A velha admoestação de "não colocar todos os ovos na mesma cesta" é fundamental aqui. Garantir uma variedade de ativos

em diferentes setores e geografias pode ajudar a minimizar perdas.

3. Reequilíbrio Regular: O mercado é dinâmico e, com o tempo, a composição do seu portfólio pode se desviar dos seus objetivos iniciais. Faça revisões regulares e reequilibre seu portfólio conforme necessário.

A Estratégia Contínua

A construção do portfólio não termina após a seleção inicial de ativos. É um processo contínuo que exige vigilância e adaptação à medida que os mercados mudam, novas informações surgem e seus objetivos pessoais evoluem.

Lembre-se de que um portfólio bem construído é aquele que ressoa com seus objetivos, tolerância ao risco e aspirações. É uma expressão de sua visão para o futuro e uma ferramenta poderosa para ajudar a tornar essa visão uma realidade.

DIVERSIFICAÇÃO: POR QUE E COMO DIVERSIFICAR

No mundo dos investimentos, a diversificação é frequentemente saudada como uma das mais fundamentais estratégias de gestão de risco. Mas, por que é tão celebrada? E como os investidores podem efetivamente diversificar seus portfólios? Vamos aprofundar.

Por que Diversificar?

1. Minimização do Risco Específico: Todas as empresas enfrentam riscos que são únicos para elas – seja uma mudança na liderança, um revés em um projeto específico ou uma controvérsia pública. Ao diversificar, os investidores podem reduzir o impacto negativo que um único evento adverso em uma empresa pode ter sobre todo o portfólio.

2. Aproveitamento de Oportunidades: Diversos setores e geografias crescem em ritmos diferentes e são influenciados por diferentes conjuntos de fatores. A diversificação permite que os investidores aproveitem oportunidades em diferentes áreas do mercado.

3. Redução da Volatilidade do Portfólio: Ao combinar ativos que não se movem exatamente na mesma direção ao mesmo tempo, os investidores podem conseguir um retorno mais estável ao longo do tempo.

Como Diversificar Efetivamente?

1. Diversificação entre Classes de Ativos: Isso envolve a distribuição de investimentos entre diferentes tipos de ativos, como ações, títulos, imóveis e commodities. Cada classe de ativo reage de maneira diferente às mudanças nas condições econômicas.

2. Diversificação Geográfica: Investir em mercados domésticos e internacionais pode ajudar a minimizar os riscos associados a eventos específicos de um país ou região.

3. Diversificação Setorial: O mercado de ações é composto por vários setores, como tecnologia, saúde, finanças e commodities. Diferentes setores reagem a diferentes impulsionadores econômicos.

4. Diversificação Temporal: Também conhecido como "dollar-cost averaging", isso envolve investir montantes regulares ao longo do tempo,

independentemente das condições do mercado, aproveitando tanto os mercados em alta quanto em baixa.

5. Diversificação entre Estilos de Investimento: Considere uma mistura de ações de crescimento (empresas em expansão) e ações de valor (ações subvalorizadas em relação ao seu valor intrínseco).

Conclusão

Diversificar não é apenas sobre proteção; é sobre otimização. Através de uma diversificação eficaz, os investidores podem não apenas proteger seu capital de potenciais contratempos, mas também posicionar seu portfólio para aproveitar oportunidades emergentes em diferentes frentes. Como todas as estratégias de investimento, é fundamental revisitar e ajustar regularmente a diversificação de um portfólio à medida que os objetivos, o horizonte temporal e as condições do mercado evoluem.

SELECIONANDO AÇÕES COM POTENCIAL DE RENDA PERENE

No universo dos investimentos, a busca pela "galinha dos ovos de ouro" é incessante. Todos desejam ações que não apenas ofereçam bons retornos, mas também uma fonte constante e sustentável de rendimentos. Esse é o cerne da renda perene. Então, como identificamos essas preciosidades no vasto mercado de ações?

1. Saúde Financeira Robusta

Balanço sólido: Ações com potencial para renda perene muitas vezes pertencem a empresas com baixo nível de dívida e uma forte posição de caixa. Uma dívida controlada significa que a empresa não está excessivamente alavancada, reduzindo o risco de inadimplência em tempos econômicos difíceis.

2. Histórico de Pagamento de Dividendos

Consistência é a chave: Empresas que têm um histórico de pagamento regular e crescente de dividendos ao longo dos anos demonstram um compromisso com o retorno de valor aos acionistas. É um sinal claro de estabilidade e de gestão financeira saudável.

3. Fluxos de Caixa Estáveis

Robustez ao longo do tempo: Empresas com fluxos de caixa previsíveis e confiáveis são mais propensas a manter (ou aumentar) seus pagamentos de dividendos, mesmo em tempos econômicos incertos.

4. Posicionamento de Mercado Forte

Liderança no setor: Empresas que são líderes em seus respectivos setores ou nichos geralmente têm uma vantagem competitiva que lhes permite gerar lucros consistentes e, consequentemente, dividendos.

5. Gestão Competente e Visão de Longo Prazo

A força por trás das operações: Uma equipe de gestão experiente e competente que demonstra uma visão estratégica clara para o futuro é crucial. Eles são os responsáveis por garantir que a empresa se adapte às mudanças do mercado e continue a crescer.

6. Avaliar Métricas de Valuation

Preço justo: Usando ferramentas de análise

fundamentalista, como a relação preço/lucro, os investidores podem determinar se uma ação está sendo negociada a um preço atrativo em relação ao seu valor intrínseco.

Conclusão

A seleção de ações com potencial de renda perene não é uma tarefa simples e exige uma análise cuidadosa. Contudo, com a devida diligência e foco nos princípios acima, os investidores podem aumentar a probabilidade de adicionar ações valiosas e consistentes ao seu portfólio, criando uma fonte de renda estável e duradoura ao longo do tempo.

FUNDAMENTOS DE VALOR:
Investindo em Setores Essenciais da Bolsa Brasileira

No mundo dos investimentos, a sabedoria convencional sugere que a diversificação é a chave para mitigar riscos. Mas, além de diversificar entre diferentes ativos, é fundamental diversificar entre setores robustos e resilientes da economia. Quando buscamos ações com potencial de renda perene e crescimento contínuo, é crucial olhar para setores que, independentemente das oscilações do mercado ou das incertezas político-econômicas, continuam sendo pilares fundamentais da infraestrutura e do desenvolvimento.

E é justamente aqui que os setores de Energia, Saneamento Básico, Mineração e Bancos brilham com destaque. Estes setores, em sua essência, estão profundamente enraizados nas necessidades básicas e na estrutura econômica do Brasil:

Energia

1. Engie Brasil (EGIE3)

Descrição: Uma das maiores produtoras privadas de energia elétrica do Brasil, atuando principalmente em geração e comercialização de energia.

2. Energias do Brasil (ENBR3)

Descrição: Atua nos segmentos de geração, distribuição, transmissão e comercialização de energia elétrica.

3. CPFL Energia (CPFE3)

Descrição: Uma das maiores empresas de energia elétrica do Brasil, com ampla atuação em distribuição, geração e comercialização.

Saneamento Básico

1. Sabesp (SBSP3)

Descrição: Maior empresa de saneamento do Brasil, responsável pelo fornecimento de água e serviços de esgoto em São Paulo.

2. Sanepar (SAPR4)

Descrição: Atua no setor de saneamento no estado do Paraná, fornecendo água e tratamento de esgoto.

3. Copasa (CSMG3)

Descrição: Empresa de saneamento do estado de Minas Gerais, atuando em abastecimento de água e esgotamento sanitário.

Mineração

1. Vale (VALE3)

Descrição: Como mencionado anteriormente, a Vale é uma das maiores mineradoras do mundo, com foco principal em minério de ferro.

2. Ferbasa (FESA4)

Descrição: Atua na extração de cromo e produção de ferroligas.

3. Nexa Resources (NEXA3)

Descrição: Empresa de mineração e metalurgia com operações no Brasil e no Peru.

Bancos

1. Itaú Unibanco (ITUB4)

Descrição: Um dos maiores bancos da América Latina, oferecendo uma gama completa de serviços financeiros.

2. Banco Bradesco (BBDC4)

Descrição: Outro grande banco brasileiro, com vasta rede de agências e ampla variedade de serviços financeiros.

3. Banco do Brasil (BBAS3)

Descrição: Um dos maiores bancos estatais do Brasil, com atuação em diversos segmentos do setor financeiro.

4. Banco Santander (SANB11)

Descrição: Subsidiária brasileira do grupo espanhol Santander, é um dos principais bancos atuantes no Brasil.

Essas sugestões baseiam-se em empresas renomadas e bem estabelecidas em seus respectivos setores. No entanto, é crucial realizar uma análise detalhada e consultoria financeira especializada antes de tomar decisões de investimento.

ERROS COMUNS AO INVESTIR NA BOLSA E COMO EVITÁ-LOS

Investir na bolsa de valores é uma jornada de aprendizado contínuo. Mesmo os investidores mais experientes cometem erros de vez em quando. No entanto, ao estar ciente de algumas armadilhas comuns, você pode aumentar significativamente suas chances de sucesso e minimizar as chances de perdas significativas. Vamos explorar alguns dos erros mais comuns e fornecer dicas sobre como evitá-los:

Comprar com base em "dicas quentes": Muitos investidores iniciantes são atraídos por dicas de ações que prometem retornos rápidos. No entanto, tomar decisões de investimento com base em rumores ou dicas sem fazer sua própria pesquisa é arriscado.

Como evitar: Sempre faça sua própria análise e pesquisa antes de tomar uma decisão de investimento.

Impaciência: A natureza volátil da bolsa pode fazer com que os investidores tomem decisões impulsivas. Vender ações após uma pequena queda de preço é um erro comum.

Como evitar: Adote uma mentalidade de longo prazo e lembre-se de que o mercado de ações tem seus altos e baixos naturais.

Não diversificar o portfólio: Colocar todos os seus recursos em uma única ação ou setor pode ser arriscado.

Como evitar: Diversifique seu portfólio investindo em diferentes setores e tipos de ações.

Ignorar taxas e custos: As taxas de corretagem, taxas de administração e outros custos podem corroer seus retornos ao longo do tempo.

Como evitar: Esteja ciente de todas as taxas associadas aos seus investimentos e considere-as ao tomar decisões de investimento.

Perseguir o mercado: Comprar ações quando o mercado está em alta e vendê-las quando está em baixa é uma estratégia que raramente funciona a longo prazo.

Como evitar: Concentre-se na análise fundamentalista e na qualidade das ações, em vez de tentar prever as flutuações do mercado.

Ignorar o perfil de risco: Cada investidor tem seu próprio perfil de risco, que deve orientar suas decisões de investimento.

Como evitar: Antes de investir, determine seu perfil de risco e selecione ações que estejam alinhadas a ele.

Não revisar regularmente o portfólio: O mercado muda, assim como as condições financeiras das empresas.

Como evitar: Reserve um tempo regularmente para revisar e, se necessário, reajustar seu portfólio.

Conclusão: Os erros são parte integrante da jornada de investimento. O importante é aprender com eles e desenvolver uma estratégia sólida e informada. Com paciência, pesquisa e uma abordagem de longo prazo, você pode navegar com sucesso no mundo dos investimentos e construir um portfólio robusto e lucrativo.

ARMADILHAS DO MERCADO E COMO NÃO CAIR NELAS

O mercado de ações, com toda sua promessa de riqueza e independência financeira, também está repleto de armadilhas. Mesmo os mais experientes podem, às vezes, ser pegos de surpresa. No entanto, estar bem informado sobre essas armadilhas pode prepará-lo para evitar ou pelo menos mitigar seus impactos. Abaixo, discutimos algumas das armadilhas mais comuns e como você pode evitá-las:

Euforia de Mercado: Há momentos em que o mercado parece estar em uma subida interminável. O otimismo desenfreado pode levar a avaliações inflacionadas e decisões de investimento impulsivas.

Como evitar: Mantenha-se ancorado à análise fundamentalista. Evite ser levado pela histeria coletiva e questione sempre se o preço atual de uma ação reflete seu valor intrínseco.

Medo de Perder (FOMO): A sensação de que você está perdendo uma grande oportunidade pode levar a decisões precipitadas.

Como evitar: Defina claramente seus objetivos de investimento e estratégia. Não se deixe levar por movimentos de mercado de curto prazo.

Sobreconfiança: Acreditar que você sabe mais do que realmente sabe pode levar a riscos desnecessários.

Como evitar: Reconheça as limitações do seu conhecimento e esteja sempre disposto a aprender. Busque conselhos e continue se educando.

Ancoragem: Basear suas decisões de investimento em informações irrelevantes ou desatualizadas.

Como evitar: Certifique-se de que suas decisões se baseiam em dados atuais e relevantes. Evite apegar-se a preços passados ou a informações que não tenham mais relevância.

Confirmação de Viés: Procurar informações que confirmem sua crença atual e ignorar aquelas que a contestam.

Como evitar: Busque diversas fontes de informação e esteja aberto a pontos de vista contrários. A análise crítica é fundamental para decisões de investimento informadas.

Reação Excessiva: Tendência de vender ações em

uma queda de mercado e comprar durante uma alta, resultando em comprar caro e vender barato.

Como evitar: Mantenha uma visão de longo prazo. Evite decisões impulsivas baseadas em movimentos de curto prazo do mercado.

Falácia do Custo Afundado: Continuar investindo em uma ação com base no montante já investido, independentemente das perspectivas futuras.

Como evitar: Avalie regularmente o mérito de manter um investimento com base no potencial futuro, e não no que já foi gasto.

Conclusão: O mercado de ações é complexo e cheio de nuances. Evitar armadilhas exige educação, autodisciplina e uma disposição para admitir erros e aprender com eles. Ao se conscientizar dessas armadilhas comuns e desenvolver estratégias para evitá-las, você estará em uma posição muito melhor para proteger e crescer seu patrimônio ao longo do tempo.

A IMPORTÂNCIA DA EDUCAÇÃO FINANCEIRA CONTÍNUA

A educação financeira é, frequentemente, vista como um conjunto de conhecimentos adquiridos uma única vez - talvez durante os estudos universitários, um curso ou workshop. No entanto, a verdade é que a educação financeira é um processo contínuo, uma jornada que se estende por toda a vida do investidor. Vamos explorar por que a atualização e expansão constantes de seus conhecimentos financeiros são essenciais no mundo dinâmico dos investimentos.

O Mundo Financeiro está em Constante Mudança: Assim como o mundo ao nosso redor, o mercado financeiro está em um estado contínuo de fluxo. Novos instrumentos financeiros, regulamentações, crises econômicas, inovações tecnológicas e tendências de mercado emergem regularmente. Ter uma mentalidade de aprendizado contínuo permite que os investidores se adaptem e aproveitem novas oportunidades, enquanto gerenciam riscos emergentes.

Evita a Complacência: Mesmo os investidores mais experientes podem se tornar complacentes se confiarem demais em seus conhecimentos passados. A continuidade na educação financeira mantém o investidor alerta e ciente de suas limitações, encorajando uma avaliação constante de suas estratégias de investimento.

Expansão do Leque de Opções: À medida que ampliamos nossa educação financeira, somos introduzidos a novos conceitos, estratégias e instrumentos financeiros. Isso nos oferece mais ferramentas em nossa caixa de ferramentas de investimento, permitindo uma diversificação mais eficaz e estratégias mais sofisticadas.

Tomada de Decisão Informada: Uma compreensão profunda e atualizada do ambiente financeiro capacita os investidores a tomarem decisões mais informadas. Em vez de seguir as tendências do mercado ou agir por impulso, um investidor educado pode avaliar diferentes opções e escolher a que melhor se alinha com seus objetivos de longo prazo.

Promove a Independência Financeira: Com uma educação financeira contínua, os investidores tornam-se menos dependentes de conselhos de terceiros. Eles são capazes de analisar, questionar e validar informações por conta própria, garantindo que suas decisões de investimento sejam baseadas em sua própria análise e julgamento.

Cultiva uma Mentalidade de Crescimento: Ao adotar a educação financeira como uma jornada contínua, os investidores desenvolvem uma mentalidade de crescimento. Isso os incentiva a procurar constantemente maneiras de melhorar, aprender com seus erros e se adaptar às circunstâncias em mudança.

Conclusão: No vasto e complexo mundo das finanças, o aprendizado nunca realmente termina. Cada nova experiência, seja uma vitória ou uma perda, oferece lições valiosas. Ao abraçar a educação financeira contínua, os investidores não apenas aumentam suas chances de sucesso, mas também enriquecem sua jornada financeira, tornando-a mais informada, estratégica e recompensadora.

O FUTURO DOS INVESTIMENTOS E TENDÊNCIAS

Ao olhar para o futuro do mundo dos investimentos, encontramos um cenário em constante evolução, repleto de inovações e desafios. As megatendências globais, combinadas com os avanços tecnológicos e as mudanças na mentalidade dos investidores, estão criando um novo paradigma para os mercados financeiros. Vamos mergulhar mais fundo nesse futuro e identificar as tendências e fatores chave que estão moldando o mundo dos investimentos.

Mudanças Demográficas e Suas Implicações:

O mundo está envelhecendo e, ao mesmo tempo, a população jovem nos mercados emergentes está se tornando economicamente mais ativa. Isso terá um impacto profundo sobre os tipos de produtos financeiros em demanda, bem como nas estratégias de investimento.

A Ascensão dos Mercados Emergentes:

As economias emergentes, como China, Índia e

Brasil, continuarão a crescer em importância no cenário mundial. Isso não só alterará a dinâmica do comércio global, mas também apresentará novas oportunidades e riscos para os investidores.

Tecnologia e a Revolução Digital:

Estamos na vanguarda de uma revolução digital nos mercados financeiros. A adoção de tecnologias como Inteligência Artificial, Machine Learning e Blockchain promete tornar o mercado mais eficiente, transparente e acessível.

Sustentabilidade e Investimento ESG:

Com as mudanças climáticas se tornando uma realidade palpável, a sustentabilidade tornou-se mais do que apenas uma palavra da moda. Os investidores estão cada vez mais alinhando seus portfólios com seus valores, optando por investimentos responsáveis que atendam a critérios ambientais, sociais e de governança (ESG).

A Evolução do Sistema Monetário Global:

A ascensão das criptomoedas e outras formas digitais de dinheiro está desafiando o sistema monetário tradicional. Enquanto alguns veem isso como uma bolha, outros veem como uma evolução natural do dinheiro.

O Desafio da Desigualdade:

A crescente desigualdade de riqueza global pode levar a mais volatilidade e instabilidade no mercado. As implicações de longo prazo dessa tendência ainda estão para ser totalmente compreendidas.

Conclusão:

O futuro dos investimentos será caracterizado por rápidas mudanças, interrupções e inovações. Embora isso possa parecer desafiador, também apresenta oportunidades inigualáveis para os investidores que estão dispostos a se adaptar e aprender. Com a informação certa e uma mentalidade aberta, os investidores podem se posicionar para aproveitar ao máximo as tendências emergentes e construir portfólios robustos para o futuro.

O QUE ESPERAR DA BOLSA NOS PRÓXIMOS ANOS

A Bolsa de Valores é um termômetro da economia e, por isso, é influenciada por uma variedade de fatores tanto internos quanto externos. Prever seu comportamento exato no futuro é impossível, mas analisar tendências, cenários e fatores que impactam os mercados pode nos dar pistas sobre o que esperar nos próximos anos.

1. Volatilidade Acentuada:

A natureza imprevisível do cenário geopolítico global, juntamente com eventos como pandemias, guerras comerciais e crises financeiras, sugere que a volatilidade continuará sendo uma característica dominante dos mercados de ações no futuro próximo.

2. Crescimento dos Mercados Emergentes:

Espera-se que os mercados emergentes, especialmente na Ásia e América Latina, tenham um crescimento acelerado. O Brasil, como uma das maiores economias emergentes, tem potencial para desempenhar um papel importante no cenário global da Bolsa.

3. Avanços Tecnológicos:

O setor de tecnologia tem crescido de forma exponencial e é provável que continue sendo um grande protagonista na Bolsa. Empresas de tecnologia, especialmente aquelas focadas em Inteligência Artificial, biotecnologia, energia renovável e fintechs, provavelmente verão uma valorização contínua.

4. Sustentabilidade no Foco:

Empresas com práticas sustentáveis e que atendam aos critérios ESG (ambiental, social e governança) ganharão mais destaque e preferência entre os investidores. Isso poderá levar a uma revalorização de empresas comprometidas com esses princípios.

5. Diversificação Geográfica:

A possibilidade de investir em empresas estrangeiras diretamente da Bolsa brasileira (através de BDRs, por exemplo) deverá se popularizar, oferecendo aos investidores uma chance de diversificar geograficamente seus portfólios.

6. Regulação e Interferência Estatal:

Ações e setores podem ser impactados por

mudanças regulatórias ou políticas estatais. Setores como o bancário, de energia e saúde são frequentemente os mais afetados por mudanças desse tipo.

Conclusão:

Os próximos anos na Bolsa prometem ser tanto desafiadores quanto empolgantes. Investidores bem-informados e preparados terão melhores chances de navegar por esse mar turbulento e aproveitar as oportunidades que surgirão. A chave será manter-se informado, diversificar investimentos e, mais importante, manter uma visão de longo prazo.

TECNOLOGIA, SUSTENTABILIDADE E OUTROS FATORES QUE MOLDARÃO O MERCADO

A dinâmica do mercado financeiro está em constante evolução e apresenta uma complexidade sem precedentes. Forças emergentes continuam a transformar a maneira como investimos e vemos o futuro das finanças. A tecnologia e a sustentabilidade, particularmente, estão se posicionando como pilares fundamentais que estão redefinindo o cenário de investimentos.

1. Tecnologia: A Contínua Revolução Digital

Fintechs: O avanço das fintechs está revolucionando o setor financeiro, tornando serviços anteriormente exclusivos muito mais acessíveis. Com inovações em pagamentos, empréstimos e investimentos, estas empresas estão desafiando modelos bancários tradicionais.

Blockchain e Criptomoedas: Mesmo com a volatilidade e as incertezas regulatórias, as criptomoedas e a tecnologia blockchain se firmam como alternativas de investimento e formas de transação.

Inteligência Artificial (IA): A IA está reformulando a análise de dados no mercado financeiro, possibilitando que os investidores obtenham insights mais precisos e em tempo real sobre seus investimentos.

2. Sustentabilidade: Olhando para um Futuro Verde

Investimento ESG: Os critérios ambientais, sociais e de governança (ESG) tornaram-se pilares na avaliação de investimentos. Empresas com práticas sustentáveis atraem mais investidores e tendem a ter um desempenho mais estável no longo prazo.

Energias Renováveis: O movimento global em direção a fontes de energia mais limpas está criando oportunidades em setores como energia solar, eólica e baterias.

Mudanças Climáticas: Com os efeitos tangíveis

das mudanças climáticas, empresas e setores vulneráveis (como agricultura e seguros) precisarão de adaptações significativas.

3. Outros Fatores-Chave

Demografia: A mudança demográfica, com populações envelhecendo em países desenvolvidos e crescendo em mercados emergentes, tem implicações em setores como saúde, finanças e consumo.

Globalização: Embora alguns países adotem posturas mais protecionistas, os fluxos de comércio e investimento globais continuam sendo cruciais para a dinâmica dos mercados financeiros.

Conclusão:

O mercado financeiro está passando por um período de grandes transformações, com a tecnologia e a sustentabilidade atuando como principais propulsores dessa nova era. Para os investidores, isso traz uma série de oportunidades e desafios. Estar bem informado e adaptar-se rapidamente a essas mudanças será fundamental para o sucesso nos investimentos futuros.

CONCLUSÃO: RUMO À LIBERDADE FINANCEIRA

Ao longo deste guia, embarcamos juntos em uma jornada profunda pelos intricados caminhos do mercado financeiro, aprendendo não apenas sobre os meandros do investimento, mas também sobre as tendências que moldarão nosso futuro financeiro. Ao término desta jornada, é imperativo entender que investir é mais do que simplesmente colocar dinheiro no mercado; é sobre construir um futuro, um legado.

A liberdade financeira é um objetivo almejado por muitos, mas alcançado por poucos. Não por falta de recursos ou oportunidades, mas muitas vezes por falta de conhecimento, planejamento e, acima de tudo, paciência. A verdadeira liberdade financeira provém de uma compreensão profunda do poder dos investimentos de longo prazo, da reinversão de dividendos, da diversificação e de estar sempre alinhado com as tendências emergentes.

Em sua trajetória como investidor, é inevitável que você se depare com obstáculos. Mercados voláteis, decisões apressadas, ou simplesmente eventos inesperados da vida. Contudo, armado com o conhecimento adquirido aqui, você está mais bem preparado para enfrentar esses desafios e transformá-los em oportunidades.

Palavras Finais e Próximos Passos:

A educação financeira é uma jornada contínua. O mercado, em sua natureza dinâmica, está em constante evolução, e o que é relevante hoje pode não ser amanhã. Portanto, mantenha-se atualizado, continue aprendendo e, acima de tudo, mantenha-se fiel à sua estratégia de investimento.

Não se esqueça de revisar regularmente seu portfólio, adaptando-o conforme necessário para refletir suas metas e as condições do mercado. E, enquanto você avança em sua jornada de investimentos, lembre-se sempre do poder do longo prazo e da paciência.

À medida que encerramos este guia, a mensagem mais importante é: comece agora. O tempo é um ativo valioso, e cada momento que você adia seus investimentos é um momento perdido que poderia estar trabalhando a seu favor. Dê o próximo passo rumo à sua liberdade financeira, e que esta jornada seja plena e recompensadora.

GLOSSÁRIO DE TERMOS FINANCEIROS

Ação: Título que representa uma fração do capital social de uma empresa. Ao adquirir uma ação, o investidor torna-se sócio da empresa e adquire direitos e deveres de um acionista.

Ativo: Qualquer bem ou direito de uma empresa que pode ser convertido em dinheiro. Exemplos incluem caixa, estoques, imóveis e investimentos.

Bolsa de Valores: Local onde ocorrem as negociações de títulos e valores mobiliários. Sua principal função é fornecer um ambiente transparente e seguro, maximizando as chances de lucro para os investidores.

Corretora de Valores: Instituição financeira que atua como intermediária nas operações de compra e venda de ativos financeiros na Bolsa de Valores.

Dividendo: Parcela do lucro de uma empresa distribuída aos acionistas. É uma forma de remuneração para os investidores que confiaram seu capital à empresa.

Rentabilidade: Indica o retorno obtido em relação ao montante investido. Pode ser expressa em valores absolutos ou em percentual.

Volatilidade: Mede a intensidade e a frequência das oscilações dos preços de um ativo financeiro em um determinado período.

Liquidez: Refere-se à facilidade e à velocidade com que um ativo pode ser convertido em dinheiro sem perda significativa de seu valor.

Índice Bovespa (Ibovespa): Indicador do desempenho médio das cotações das ações mais negociadas na B3. Funciona como um termômetro do mercado acionário brasileiro.

Carteira de Investimentos: Conjunto diversificado de investimentos de um indivíduo ou entidade, incluindo ações, títulos, imóveis e outros.

Análise Técnica: Método de avaliação de ativos baseado no estudo dos gráficos de preços e volumes. Busca identificar padrões para prever os movimentos futuros dos preços.

Análise Fundamentalista: Abordagem que se concentra na avaliação da saúde financeira de uma empresa, analisando balanços, demonstrações de resultados, posição no mercado, entre outros fatores.

Diversificação: Prática de distribuir o investimento entre diversos ativos para reduzir riscos.

Benchmarks: Índices que servem como referência para comparar o desempenho de um investimento ou carteira.

Risco Sistemático: Risco que afeta todas as empresas de um mercado, decorrente de eventos macroeconômicos, políticos, entre outros.

Risco Não Sistemático: Risco específico de uma empresa ou setor. Pode ser mitigado através da diversificação.

Yield: Rendimento obtido com um investimento, que pode ser expresso em termos de juro ou dividendo.

Valor Presente Líquido (VPL): Método utilizado para avaliar a viabilidade econômica de um investimento, trazendo todos os fluxos de caixa futuros a valores presentes.

Taxa Interna de Retorno (TIR): Taxa de desconto que faz o VPL de um investimento ser zero. Indica a rentabilidade desse investimento.

Payout: Percentual do lucro de uma empresa que é distribuído aos acionistas em forma de dividendos.

Capitalização: Refere-se ao valor de mercado de uma empresa, calculado multiplicando o preço atual da ação pelo total de ações emitidas.

Debêntures: Títulos de dívida emitidos por empresas de capital aberto ou fechado com a finalidade de captar recursos a médio e longo prazo.

Proventos: Remunerações pagas ao acionista, incluindo dividendos e juros sobre capital próprio.

Small Caps: Termo utilizado para se referir às empresas com menor capitalização na bolsa.

Geralmente, têm maior potencial de crescimento e maior risco.

Blue Chips: Ações de empresas grandes, bem estabelecidas e financeiramente sólidas. São, geralmente, líderes em seus segmentos.

Day Trade: Operação de compra e venda de um ativo na mesma sessão de negociação, buscando lucrar com as variações intraday.

Swing Trade: Estratégia de trading que busca capturar ganhos em um ativo por vários dias a semanas.

Alavancagem: Prática de usar recursos financeiros adicionais (empréstimos, por exemplo) para potencializar os retornos de um investimento.

Stop Loss: Ordem dada pelo investidor à sua corretora para vender um ativo quando ele chegar a um preço determinado. É uma estratégia para limitar possíveis perdas.

Bull Market: Termo utilizado para descrever um mercado em alta, onde os preços das ações estão em tendência crescente.

Bear Market: O oposto do Bull Market. Refere-se a um mercado em queda, onde os preços das ações estão em tendência de baixa.

Spread: Diferença entre os preços de compra e venda de um ativo.

REITs (Real Estate Investment Trusts): Fundos de investimento imobiliário com ações negociadas em bolsa, que investem principalmente em propriedades comerciais.

Dividend Yield: Relação percentual entre os dividendos pagos por ação e o preço da ação. É uma medida da rentabilidade dos dividendos.

Risco de Mercado: Risco de que o valor de um investimento diminua devido a mudanças nos fatores de mercado, como taxas de juros ou volatilidade.

Índice P/L (Preço/Lucro): Uma métrica de avaliação que mostra o quanto os investidores estão dispostos a pagar por cada real de lucro da empresa.

Valor Patrimonial por Ação (VPA): Indica quanto valeria cada ação da empresa se ela resolvesse liquidar todos os seus ativos e pagar todas as suas dívidas.

Liquidez: A capacidade de um ativo ser convertido em dinheiro rapidamente.

Margem Bruta: Indica quanto a empresa ganha com a venda de seus produtos/serviços após descontar os custos diretos de produção.

ROE (Retorno sobre o Patrimônio Líquido): Mede a capacidade da empresa em gerar retorno sobre o investimento dos acionistas.

ROA (Retorno sobre o Ativo): Mede a eficiência da empresa em usar seus ativos para gerar lucro.

Beta: Mede a sensibilidade de um ativo em relação a um índice de mercado. Um beta maior que 1 indica que o ativo é mais volátil que o mercado.

Risco Sistemático: Risco inerente a todo o mercado ou segmento de mercado e que não pode ser eliminado com a diversificação.

Risco Não Sistemático: Risco associado a um ativo específico e que pode ser reduzido ou eliminado através da diversificação.

Custódia: Taxa cobrada pelas corretoras para manter a guarda das ações.

Correlação: Medida estatística que indica o grau de movimento relativo entre dois ativos.

Home Broker: Sistema oferecido pelas corretoras que permite aos investidores negociar ações e outros ativos financeiros pela internet.

Tag Along: Direito que garante aos acionistas minoritários venderem suas ações sob as mesmas condições (preço, prazo) que o acionista majoritário em caso de venda da empresa.

Free Float: Percentual das ações de uma empresa que está disponível para negociação no mercado.

Ebitda: Sigla em inglês para "Earnings Before Interest, Taxes, Depreciation and Amortization", que significa "Lucros antes de juros, impostos, depreciação e amortização". É uma medida da geração operacional de caixa da empresa.

Dividend Yield: Relação entre o dividendo pago por ação e o preço dessa ação.

Custo Médio: Média ponderada do preço de aquisição de uma ação, considerando todas as compras feitas.

Stop Loss: Ordem para vender uma ação se ela atingir um preço específico.

Alavancagem: Uso de dívida para ampliar o retorno potencial de um investimento.

Payout: Percentual do lucro de uma empresa que é distribuído aos acionistas na forma de dividendos.

Benchmark: Padrão usado para avaliar o desempenho de um investimento.

Bull Market e Bear Market: Termos que descrevem a direção do mercado. Um mercado "bull" tem preços em alta, enquanto um "bear" tem preços em queda.

Short Selling (Venda a Descoberto): Venda de um ativo que o investidor não possui, esperando que seu preço caia.

Blue Chips: Ações de empresas bem estabelecidas e líderes em seus setores.

Small Caps: Ações de empresas com menor capitalização de mercado.

Book Value (Valor Contábil): Valor total dos ativos de uma empresa menos suas obrigações.

Float: Número de ações disponíveis para negociação no mercado, excluindo ações retidas por insiders e entidades controladoras.

RECURSOS ADICIONAIS E LEITURAS RECOMENDADAS

1. "O Investidor Inteligente" por Benjamin Graham

Sinopse: Frequentemente referido como a "bíblia do mercado de ações", este livro é uma base para qualquer pessoa interessada em investir. Graham foi um dos mentores de Warren Buffett e sua filosofia de "valor de investimento" é amplamente adotada por investidores individuais e institucionais em todo o mundo. O livro apresenta uma abordagem detalhada sobre como pensar sobre o investimento e os mercados de ações.

2. "Os Axiomas de Zurique" por Max Gunther

Sinopse: Gunther descreve as regras fundamentais que os antigos banqueiros suíços estabeleceram para orientar seus investimentos. Estes "axiomas" tratam de elementos como risco, mobilidade, intuição e otimismo, fornecendo uma perspectiva única sobre a mentalidade e estratégias necessárias para ter sucesso no mundo dos investimentos.

3. Site da B3

Descrição: A B3, principal bolsa de valores do Brasil, oferece uma vasta gama de informações sobre empresas listadas, dados do mercado, comunicados e relatórios. É uma fonte primária para quem deseja acompanhar de perto a dinâmica do mercado acionário brasileiro.

4. "Faça Fortuna com Ações" por Décio Bazin

Sinopse: Bazin apresenta uma estratégia focada na busca por empresas que têm um histórico consistente de pagamento de dividendos. É uma leitura recomendada para quem está particularmente interessado em construir uma carteira voltada para renda.

5. "Como Ganhar Dinheiro Investindo em Ações" por Guilherme Affonso Ferreira

Sinopse: Ferreira combina princípios de análise fundamentalista com sua própria experiência no mercado acionário brasileiro. O livro fornece insights práticos sobre como selecionar ações, avaliar empresas e montar uma carteira diversificada.

6. Sites de Análise Financeira

Descrição: Plataformas como Fundamentus e Suno Research são essenciais para investidores. Eles fornecem dados atualizados, análises de empresas, relatórios setoriais e recomendações de investimento. Ambos os sites oferecem uma combinação de conteúdo gratuito e premium.

7. "O jeito Peter Lynch de investir" por Peter Lynch

Sinopse: Peter Lynch, um dos mais bem-sucedidos gestores de fundos de todos os tempos, compartilha sua filosofia de investimento e estratégias para identificar ações com potencial de crescimento.

Conclusão:

Investir no mercado de ações requer uma combinação de conhecimento teórico, prática e atualização contínua. Os recursos mencionados acima fornecem uma base sólida para quem deseja se aprofundar no mundo dos investimentos. No entanto, é crucial diversificar fontes de informação, sempre buscar novas perspectivas e, mais importante, aplicar o conhecimento adquirido na prática, ajustando estratégias conforme necessário.

SUGESTÕES DE FILMES

Wall Street - Poder e Cobiça (1987)
Sinopse: Um jovem corretor da bolsa é seduzido pelo poder quando ele é levado sob a asa de um corretor de ações desonesto.

O Lobo de Wall Street (2013)
Sinopse: Baseado em uma história real, o filme segue a vida de Jordan Belfort, um corretor de ações que vive uma vida de excessos na Wall Street dos anos 90.

A Grande Aposta (2015)
Sinopse: Uma análise das causas da crise financeira de 2007-2008. O filme segue vários personagens que previram o colapso do mercado de habitação e decidiram apostar contra os bancos.

Margin Call: O Dia Antes do Fim (2011)
Sinopse: Durante as primeiras fases da crise financeira de 2008, um analista júnior descobre informações que podem levar sua empresa à ruína.

Enron - Os Mais Espertos da Sala (2005)
Sinopse: Um documentário que explora a queda da Enron Corporation, uma das maiores empresas de

energia dos EUA que se tornou sinônimo de fraude corporativa.

Rogue Trader (1999)
Sinopse: Baseado em uma história real, o filme conta a história de Nick Leeson, um corretor que causou a queda do Barings Bank, o banco comercial mais antigo da Inglaterra.

Bilionários por Acaso: A Criação do Facebook (2010)
Sinopse: Um olhar sobre os primeiros dias do Facebook e as batalhas judiciais que surgiram durante sua ascensão meteórica.

Too Big to Fail (2011)
Sinopse: Um olhar sobre os bastidores da crise financeira de 2008, focando no papel do governo dos EUA na tentativa de estabilizar a situação.

Dinheiro em Jogo (2016)
Sinopse: Este filme aborda os complexos mecanismos financeiros e a moralidade questionável dos grandes bancos que levaram à crise financeira de 2008.

O Primeiro Milhão (2000)
Sinopse: Um grupo de jovens corretores de ações decide criar sua própria firma, mas as coisas tomam um rumo inesperado quando o dinheiro começa a desaparecer.

Inside Job (Trabalho Interno) (2010)
Sinopse: Um documentário que detalha as razões por trás da crise financeira global de 2008. O filme explora a corrupção sistêmica nos Estados Unidos e as consequências dessa crise.

O Mago das Mentiras (2017)
Sinopse: Uma dramatização da vida do financista Bernie Madoff e o esquema de pirâmide massivo que ele criou.

Capitalismo: Uma História de Amor (2009)
Sinopse: O diretor Michael Moore explora a influência do capitalismo na vida cotidiana dos americanos e como isso levou à crise financeira de 2008.

Wall Street - Money Never Sleeps (Wall Street - O Dinheiro Nunca Dorme) (2010)
Sinopse: Sequência do filme "Wall Street - Poder e Cobiça". Desta vez, a história se concentra na crise financeira de 2008 e em como Gordon Gekko busca se reconectar com sua filha enquanto se envolve em novos jogos financeiros.

Boiler Room (O Primeiro Milhão é Sempre o Mais Difícil) (2000)
Sinopse: Um olhar sobre as corretoras que usam táticas de alta pressão para vender ações que os corretores sabem que são mais arriscadas para os investidores.

O Homem que Mudou o Jogo (2011)
Sinopse: Baseado em uma história real, o filme conta a história de Billy Beane, gerente geral do Oakland Athletics, e sua abordagem revolucionária para montar uma equipe de beisebol usando análise estatística.

J.C. Chandor's Arbitrage (Conexão Perigosa) (2012)
Sinopse: Um drama sobre o mundo das altas finanças, onde um magnata enfrenta sua consciência e uma série de erros que ameaçam sua carreira e sua família.
Empire of Dreams (Império dos Sonhos) (2004)
Sinopse: Uma investigação sobre a alta volatilidade do mercado financeiro americano nas décadas de 1920 e 1930, incluindo o Crash de 1929.

Glengarry Glen Ross (Sucesso a Qualquer Preço) (1992)
Sinopse: Baseado na peça homônima, o filme segue um grupo de vendedores imobiliários desesperados que estão dispostos a fazer de tudo para fechar negócios.

Limitless (Sem Limites) (2011)
Sinopse: Um escritor desempregado descobre uma pílula que lhe dá habilidades cognitivas superiores. Ele mergulha no mundo das finanças e rapidamente se torna um sucesso, mas com grandes riscos.

9 798863 064567